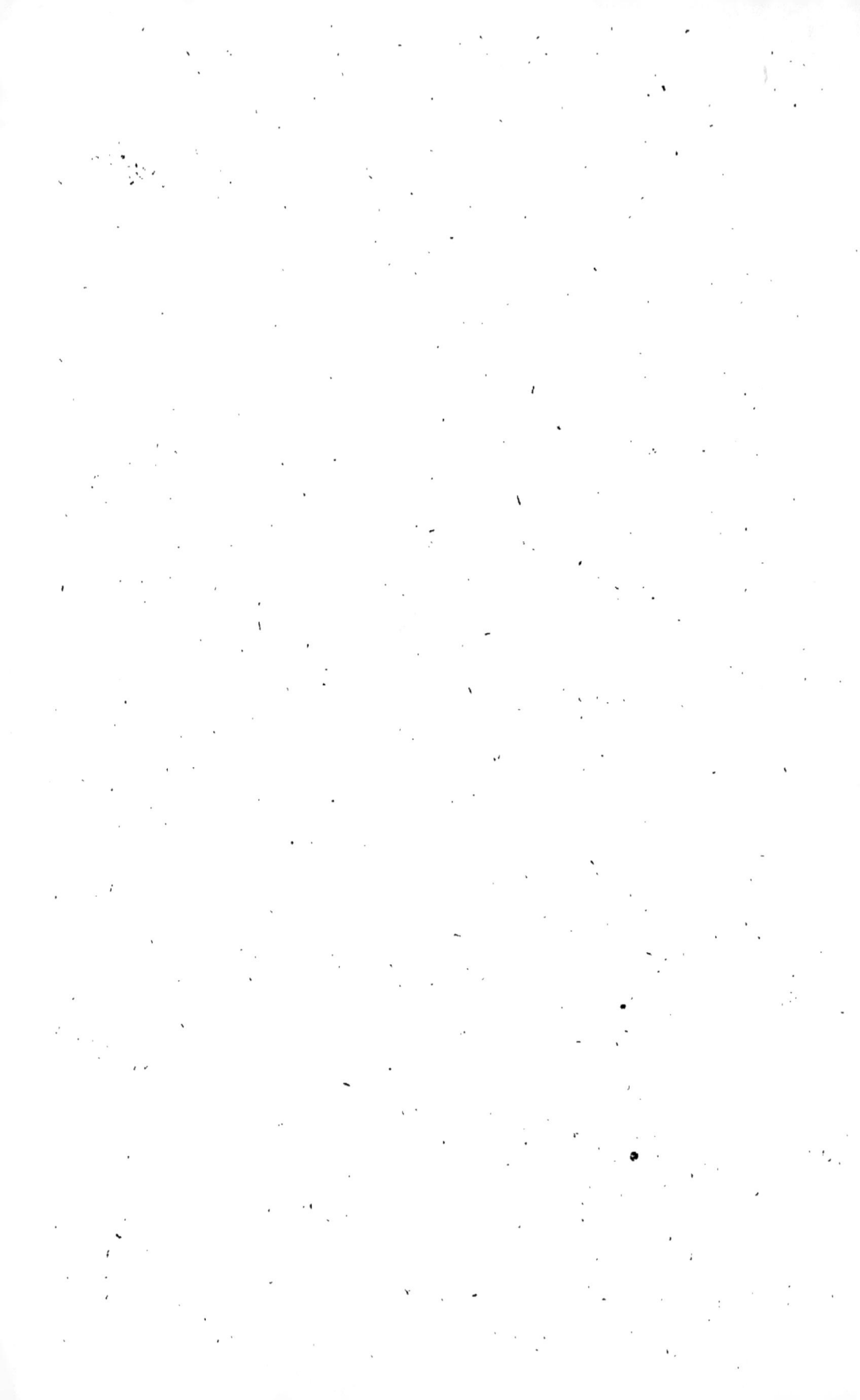

Lk 9 267

LETTRE

DE

M. BALGUERIE STUTTENBERG,

DE BORDEAUX,

A MM. LES MEMBRES

DU

CONSEIL GÉNÉRAL DU COMMERCE,

À PARIS.

PARIS.

LE NORMANT, IMPRIMEUR-LIBRAIRE,

RUE DE SEINE, Nº 8, FAUBOURG SAINT-GERMAIN.

MDCCCXXI.

A MM. LES MEMBRES

DU

CONSEIL GÉNÉRAL DU COMMERCE.

MESSIEURS,

Une grande question, une question très-importante, celle du régime colonial de nos Antilles, est depuis long-temps soumise à vos méditations, non pour la résoudre sans appel, mais pour donner votre avis.

Les chambres de commerce du royaume, et principalement celles des ports de mer, ont aussi été consultées sur ce même sujet.

Plusieurs ont répondu aux demandes qui leur ont été faites, d'autres n'ont pas encore fait connoître leur réponse.

Des particuliers sont aussi entrés en lice, et n'ont pas craint d'aborder cette grave question. Toutefois on a pu remarquer dans tout ce qui a paru, que l'expression des intérêts particuliers, des situations locales, et des opinions politiques se faisoit assez facilement re-

1.

connoître, jusque dans les opinions les plus sages et les mieux raisonnées.

Le gouvernement sera-t-il plus éclairé?

Trouvera-t-il dans tous ces mémoires, rapports, ou brochures, l'indication de la véritable ligne qu'il doit suivre à l'égard de ses colonies des Antilles? — J'en doute.

Prendra-t-il de lui-même une détermination? — J'en doute encore.

On a fait de cette question, je l'ai dit, et je le répète, une question de politique locale, en quelque sorte, et à laquelle se rattachent alors d'anciennes idées et d'anciens intérêts, qu'à peine on ose attaquer, et que l'on ne veut pas ouvertement combattre.

Ce ne sera donc pas encore ici, du moins je le crains, le gouvernement qui prendra une détermination, qui agira; mais bien la force des choses et des positions nouvelles qui, un peu plus tôt, un peu plus tard, amènera des changemens inévitables; changemens que, selon moi, il vaudroit mieux régler d'avance et à notre avantage, plutôt que d'y demeurer étranger, et de se laisser conduire par les événemens, sans profiter de ceux qui se présentent si favorablement à nous.

La demande de la dotation annuelle d'environ

trois millions de francs, allouée à nos colonies de la Martinique et de la Guadeloupe, va sans doute se renouveler dans les Chambres.

Elle fera renaître des discussions qui n'auront, je le crains encore, d'autre résultat que de fixer un peu plus l'attention sur la situation actuelle du régime colonial des Antilles, et peut-être d'autre avantage que de faire mieux connoître la question posée.

Mais en attendant, les colons souffrent et se plaignent; les négocians et armateurs français qui ont établi leurs relations avec ces colonies, succombent sous le poids de leur perte; et, loin de trouver en France, comme dans nos Antilles, cette prospérité que la reprise de nos relations avec elles sembloit présager, on n'y voit qu'un abîme où vont s'engloutir les fortunes de la plupart de ceux qui veulent se livrer à de pareilles relations.

D'où vient le mal? et où en est le remède?

Voilà ce qu'il faut franchement examiner; voilà ce qu'il faut rechercher.

Je n'ai pas la prétention de résoudre ces deux questions d'une manière absolue, ni de plaire à tous les intérêts, à toutes les passions. Je vais chercher seulement à expliquer ce que je pense sur la question soumise à vos méditations ; ce que j'ai vu, ce qu'une pratique constante a pu me faire remarquer.

Je ne pourrois, dans le lieu où cette question m'occupe, accompagner mes remarques de faits précis et détaillés ; mais quoiqu'à la hâte, je tâcherai, Messieurs, de ne point m'écarter des vérités les plus généralement reconnues.

D'où vient le mal, soit pour les Colons, soit pour le commerce français, dans sa situation avec les colonies des Antilles, sous le régime actuel ?

A l'égard des Colons, résulte-t-il de l'admission à la consommation de quelques sucres étrangers, dont partie a joui pendant quelque temps, selon leur provenance éloignée, d'une réduction de droits ?

Est-ce dans la trop grande élévation de nos droits de douane ?

Voilà, si je ne me trompe, les deux principaux griefs exprimés par les Colons, dans leurs mémoires, dans leurs réclamations. Il faudroit peut-être s'occuper peu du premier grief, puisque c'est chose passée et jugée. Voyons néanmoins de quelle influence a pu être l'introduction des sucres étrangers, comparativement à celle des sucres de nos colonies des Antilles.

La consommation annuelle du sucre en France peut être évaluée à 5o millions de kilogrammes. Il n'a pas été introduit sous la réduction de droits accordée aux provenances des mers de Chine, plus de 3 à 4 millions de kilogrammes, depuis 1816. Ce qui, sur les cinq ans, fait à peine 1 ½ p. %. Du reste, M. le directeur général a rendu compte, dans les états qu'il a fournis, de l'introduction des sucres étrangers, qui pour l'année 1820 ne va pas en totalité à plus de 15 p. % sur la consommation (1).

Est-ce cette cause qui a fait baisser les sucres dans les colonies des Antilles? Qui a réduit en France leurs prix de plus des ⅖?

A juger de l'effet par la cause, la baisse n'auroit dû être que dans la proportion des introductions citées, soit d'environ 1 ½ p. %, pour celles au demi-droit, soit de 15 p. % pour celles aux grands droits; mais il est à remarquer que ce n'est pas seulement en 1820 ni en 1821 qu'il a été introduit quelques sucres étrangers à la consommation, et que c'est précisément dans les dix premiers mois de cette année que, pro-

_____

(1) En 1820, il est entré 7,700,000 kilogrammes de sucres étrangers, et les huit premiers mois de 1821 ne présentent que deux millions et quelques cents kilogrammes.

portion gardée, il est entré le moins de sucres étrangers, et que la baisse sur ceux de nos colonies a été la plus forte.

Ce ne peut pas non plus être la perspective d'en voir arriver qui a produit cette baisse, si amèrement reprochée, puisque la dernière loi de douane du 7 juin 1820, qui a élevé le droit sur les sucres étrangers, est une sorte de prohibition. La prime ou différence de droits en faveur des sucres de nos colonies, est de 13 fr. 75 c. à 16 fr. 50 c. par 50 kilogrammes, ou de 40 à 50 p. % sur leur valeur en entrepôt (1).

(1) Les sucres bruts de l'île de Bourbon sont tarifés à . . . . 20 f 62 c ½ par 50 kil.

Ceux des colonies de la Martinique et de la Guadeloupe à . . . . 24 75   Idem.

Ceux des comptoirs français dans l'Inde ont été tarifés, par la dernière loi du 7 juin 1820, à . . . . 38 50   Id.

Il est vrai que lorsqu'il s'en trouve dans le nombre d'admis comme autres que blancs, ce qui est assez rare, ils ne paient que 33 f ; mais il faut observer que ces sucres ont toujours à supporter un grand fret, qui en élève beaucoup la valeur.

Les sucres bruts des pays hors d'Europe sont tarifés à . . . . 41 25   Id.

Et par navires étrangers, à . . . . 48 50   Id.

Sur ceux des entrepôts, le droit par navires français est de . . . . 44 . «   Id.

Et par navires étrangers de . . . . 48 50   Id.

Ce qui établit sur ces derniers une différence de 23 f 75 c, ou d'environ 80 p. % en faveur de ceux de nos colonies.

On pourroit peut-être contester encore à nos colonies la faculté de pouvoir fournir annuellement 5o millions de kilogrammes de sucre à notre consommation, ou plus de 100 mille barriques : elles ne les ont jamais fournies, et comment les fourniroient-elles annuellement, lors même qu'elles pourroient les produire, si, comme on l'avance, et comme il n'arrive que trop souvent, elles sont sujettes à ces funestes coups de vent qui détruisent entièrement leurs récoltes?

Ce ne sont donc pas les introductions de sucre au demi-droit qui ont ruiné les Colons et les colonies, puisque ces importations chèrement payées par ceux qui les ont entreprises, n'ont été que de 1 ½ p. % sur notre consommation.

Ce ne sont pas non plus les introductions des sucres étrangers acquittés aux grands droits. Leur importation, à notre consommation, n'a été que de 12 à 15 p. %, année commune ; et c'est lorsqu'elle a été la moins forte, lorsqu'elle ne peut plus se renouveler, que la baisse se prononce, que les moins-valeurs se reconnoissent.

Maintenant, je le demande, lorsqu'il est accordé à un produit, à une industrie quelconque, une prime ou faveur de différence de 4o à 5o p. %, ne doit-elle pas être satisfaite ? et cette faveur n'équivaut-elle pas à une prohibition, pour les produits ou l'industrie qui la supportent et qu'elle repousse ? J'aurai plus tard à examiner cependant si ces produits, et surtout cette industrie, sont réellement étrangers, et s'ils méritent une semblable exclusion.

Est-ce donc, comme on le prétend, avec plus d'apparence de raison, l'élévation des droits de douane en France, qui est la cause des maux dont se plaignent les Colons, et de la baisse de leurs denrées ? — Il est si naturel de le penser, que l'on ne doit pas être étonné de voir cette idée prévaloir dans toutes les réclamations ; et j'avoue que je suis du nombre de ceux qui s'y sont plus d'une fois rattachés.

Il faut donc examiner attentivement « si le » droit établi nuit à la consommation, s'il » l'arrête dans quelques unes de ses parties. »— Quelque disposé que l'on puisse être à le croire, on doit cependant s'arrêter devant les faits ; et il est constant que, depuis sept ans que nous vivons sous la législation actuelle des droits de douane, la consommation a toujours été croissant : il seroit facile d'en indiquer la cause ; mais on ne pourroit peut-être pas aussi aisément démontrer que l'élévation de nos droits entrave et arrête sensiblement la consommation des sucres de nos colonies.

L'acquittement des droits n'est pas obligatoire, et on ne les paie que lorsqu'on veut faire entrer les denrées qui en sont passibles à la consommation. Les sucres de nos colonies, ainsi déposés dans les entrepôts, n'ont point été privés du bénéfice d'une consommation meilleure que celle de la France, s'il pouvoit s'en trouver chez quelque autre nation de l'Europe ; mais c'est en vain que les entrepositaires ont voulu rechercher d'autres points de consommation ; et leurs tentatives leur ont toujours fait reconnoître, soit dans les pays sujets à de très-foibles droits de douane, soit dans ceux où ils sont plus forts, des résultats encore plus fâcheux que ceux que présente notre consommation.

Ce n'est donc pas l'élévation de nos droits qui ruine les Colons et les colonies.

La consommation n'a pas été arrêtée ; elle a toujours été en croissant, et tous les marchés de l'Europe ont toujours été ouverts à leurs produits.

Mais si ce n'est ni l'introduction des sucres

étrangers ; ni l'élévation de nos droits de douane, qui sont les causes des maux dont se plaignent les Colons, où la cause en existe-t-elle ?

C'est ici, je l'avoue, que la question se complique, et qu'il est le plus difficile de répondre, et d'assigner à ces maux leur véritable cause.

Cependant, si l'on veut examiner tout ce qui se passe dans le monde commercial, on verra que ce ne sont pas seulement nos colonies des Antilles qui souffrent de l'ébranlement général qui s'y est opéré, et qu'il n'est pas naturel de vouloir régir ces colonies comme si rien n'étoit changé, comme si nos rapports étoient les mêmes qu'avant la révolution.

Notre état de souffrance dérive souvent aussi des espérances que nous avons conçues, des habitudes que nous avons contractées.

Depuis 1814, les sucres bruts de nos colonies ont toujours été en déclinant de prix ; mais dans cette période de sept années, on peut estimer que leur valeur commune, sur les marchés de France, a été de 50 à 54 fr. les 50 kilogrammes en entrepôt, valeur nette pour l'expéditeur, sauf le fret et les frais du marché de vente. Néanmoins, ces prix ont toujours laissé une perte assez sensible sur les envois des colonies ;

et le commerce de France en a supporté sa bonne part, car il n'a pas toujours été simple consignataire.

Aujourd'hui, la situation de tous les marchés de l'Europe présente un tout autre résultat, moins favorable encore ; et, quoique les droits sur les sucres de nos colonies n'aient pas été augmentés, ce n'est plus que sur 32 à 34 fr. que l'on peut calculer la valeur en entrepôt de ces mêmes sucres, desquels prix ayant aussi à déduire le fret et les frais du marché de vente, il ne reste qu'une bien foible remise à faire au planteur, ou un bien triste résultat pour celui qui les a reçus pour son compte ; car le cours actuel de ces mêmes denrées, *dans les colonies,* présente une perte d'environ 35 à 40 p. %, *à les réaliser en France.*

Il est à remarquer qu'avant la révolution, et particulièrement en 1789, ces mêmes sucres ne valoient en France que 30 à 34 fr., et que l'on étoit loin d'éprouver à ces prix la perte qu'ils laissent aujourd'hui pour seul résultat.

Les colonies qui sont aujourd'hui sous le régime exclusif, la Jamaïque, Sainte-Lucie, la Barbade, sont-elles mieux traitées dans leurs produits en sucres ? — Les cours, et les comptes de ventes remis par les négocians anglais aux planteurs de ces îles, démontrent que dans les sept années que je viens de citer, ils n'ont pas toujours eu pour leur quintal de sucre des produits plus forts que ceux qu'ont retirés les planteurs des colonies françaises, et qu'aujourd'hui ces mêmes sucres ne valent à Londres que 26 à 28 shellings, ce qui ne représente qu'une valeur nette en entrepôt d'environ 32 à 35 fr. par 50 kilogrammes.

Je crois donc vous avoir démontré, Messieurs, que les maux dont se plaignent les Colons de nos Antilles, ne proviennent point essentiellement de l'admission de quelques sucres étrangers, ni des forts droits dont les sucres de nos colonies sont frappés, mais que cela tient à des causes qu'il n'est au pouvoir d'aucune puissance de maîtriser.

Après vous avoir démontré que l'introduction de quelques sucres étrangers et l'élévation de nos droits de douane ne sont pas la véritable cause des maux dont les Colons se plaignent, j'aurois à appliquer ces mêmes raisonnemens à l'égard du commerce français. Cependant, il faut observer que c'est sur ce dernier que repose l'avance de ces énormes droits; que lui seul supporte ainsi *un découvert* de 20 à 25 millions sur ce seul article, et que cela le prive d'un capital qui seroit utilement employé à d'autres opérations.

On me dira sans doute qu'il est accordé des termes par la douane, mais je répondrai que ces termes ne sont que volontaires, qu'ils ne sont accordés qu'au titre onéreux d'un droit et d'une caution, et que d'ailleurs, partout où est l'engagement de payer, l'avance existe.

Il seroit donc à désirer pour le commerce français, et surtout pour les rapports des nations dont les négocians ne sont que les intermédiaires, que les droits fussent diminués. Mais d'un autre côté aussi, il est convenable de faire attention que dans l'état actuel des choses, avec les charges qui pèsent sur la France, il seroit difficile de diminuer beaucoup les droits sur les sucres, lorsque nous en supportons d'aussi considérables à la consommation de nos produits les plus essentiels et les plus nécessaires à la vie.

Ce à quoi il faut tenir, c'est à ce que la répartition de ces droits soit justement et convenablement faite; c'est à ce qu'elle ne grève pas une industrie au détriment de l'autre, et que ces droits ne soient pas constamment une arme offensive à l'égard des nations amies, pour plaire à une industrie privilégiée, ou à quelques intérêts particuliers.

Voilà, je crois, ce qu'il est le plus pressant d'examiner, le plus urgent de modifier.

Voyons maintenant si le régime actuel de nos colonies des Antilles, si leur système administratif ont été la cause des maux que le commerce français a soufferts dans ses rapports avec elles.

Il sera difficile de ne pas convenir de l'influence que leur régime et leur administration actuelle ont exercée sur le commerce français avec ces colonies, et qu'il ne soit une des causes, s'il n'en est l'unique, des tristes résultats de ses rapports avec elles.

Les négocians français qui ont dirigé leurs expéditions vers ces îles, ont dû croire mettre leurs intérêts et leur fortune sous la sauvegarde des lois particulières à nos colonies, sous la protection du régime auquel ils savoient qu'elles étoient ou devoient être soumises. Ils ont également dû penser qu'ils y retrouveroient des goûts et des usages français, qui donneroient à nos produits la recommandation d'une ancienne habitude.

Mais loin de là, ils ont trouvé les lois méconnues, impuissantes contre tout débiteur; un régime arbitraire, et les introductions étrangères livrées aux ordonnances de faveur, à une fraude tacitement autorisée; les goûts et les habitudes changées par la trop longue occupation des Anglais; circonstance d'où résultoit pour leurs produits une préférence marquée sur les nôtres.

Telle est succinctement la véritable situation dans laquelle le commerce de France a trouvé ces colonies, et qui, pour prix de ses peines et de ses avances, lui a valu de si funestes résultats dans toutes ses opérations avec elles.

D'autres causes, indépendantes de la fausse situation des colonies, sont venues aussi peser sur le commerce français, dans ses rapports avec ces îles; mais il faut en voir là une des principales.

La concurrence, le trop grand nombre d'expéditions dirigées sur les mêmes points, ont sans doute contribué aux tristes résultats qui en ont été la suite; ce qui démontre que lorsqu'un pays, un point sur le globe, n'a qu'un seul produit, une seule industrie, il faut y aller avec beaucoup de prudence et de réserve pour ne être la victime.

Je ne retracerai point ici les maux que le commerce éprouve, les plaintes qu'il a cru pouvoir former ; elles sont assez longuement exprimées dans les divers Mémoires des chambres de commerce, et elles n'éclaireroient pas davantage la question qui est agitée en ce moment.

J'ai cherché seulement à apprécier le mal, à indiquer sa source, sa nature, ses causes, soit pour les Colons, soit pour le commerce français, afin d'examiner ensuite où pouvoit en être le remède dans ces deux intérêts.

Malheureusement, d'accord sur les résultats du mal, on varie souvent sur ses causes, comme sur les moyens d'y remédier et d'améliorer notre position. C'est sans doute ce qu'il faudra reconnoître dans cette question ; mais on devra du moins reconnoître aussi que ce n'est pas le plaisir de changer, d'innover qui amène la discussion actuelle ; qu'elle est la suite de maux profondément sentis par toutes les parties intéressées.

Il s'agit donc de savoir :

1°. Si l'on doit persévérer dans le système qui régit en ce moment nos colonies des Antilles ; c'est-à-dire, si l'on doit continuer à les administrer comme elles l'ont été depuis sept ans.

2°. Si on doit les mettre sous un régime

absolu, en rapportant l'arrêt du 30 août 1784.

3°. Enfin, si l'on doit adopter à leur égard un système plus libre, en ouvrant leurs ports aux pavillons étrangers, à des conditions et selon des règles qui seroient établies.

Le régime actuel nous coûte une dotation d'environ 3 millions, et une surtaxe de 13 fr. 75 c. à 16 fr. 50 c. par 50 kilogrammes de sucre, ou 40 à 50 p. % sur sa valeur en entrepôt. Et pourquoi !... Pour obtenir des produits qui abondent partout aujourd'hui, et que nous ne voulons plus recevoir en échange des produits de notre sol et de notre propre industrie !... Pour obtenir une exportation de 12 à 14 misérables millions, exportation qui ne sauroit s'accroître, puisqu'elle se trouve bornée à la consommation de ces colonies, qui resserre ainsi une concurrence qui ne peut que s'y écraser.

On aura beau vouloir y rétablir les tribunaux, la justice, nos codes et nos lois, on n'y parviendra qu'en leur laissant une part plus active dans leur administration locale, qu'en la faisant exercer à leur profit et dans leur intérêt.

Je ne crois donc pas que le système actuel qui régit ces colonies, puisse être maintenu, ni que l'on doive y persévérer ; et si l'on veut le tenter plus long-temps encore, je crains que la métropole ne perde toute l'influence qu'elle doit exercer dans un changement de système, et par conséquent tout l'avantage qu'elle peut et doit en retirer, la force des choses devant, comme je l'ai dit, finir par amener des résultats fâcheux.

Doit-on, selon quelques unes des opinions qui vous ont été soumises, rendre l'exclusif tout-à-fait absolu, repousser les pavillons qui sont maintenant admis dans ces colonies, et rapporter l'arrêt du 30 août 1784, pour réserver à notre seul pavillon et à notre commerce l'approvisionnement en tout genre de ces mêmes colonies?

En examinant cette seconde proposition, il faudroit se demander qui seroit chargé de mettre ce régime à exécution dans toute sa rigueur, et quels seroient les hommes et les moyens qui seroient employés pour donner une garantie complète de son exécution.

Lorsque deux parties contractantes font un traité, chacune d'elles examine d'abord si les conditions convenues seront fidèlement exécutées, si l'on aura bien réellement la volonté et les moyens de les faire exécuter, si enfin on sera fidèle à ses engagemens.

Le gouvernement français, qui est ici l'une des parties contractantes, donne certainement une garantie complète que toutes les dispositions qui seront convenues par ce traité, comme celle de la prohibition des sucres étrangers, du rapport de l'arrêt du 30 août 1784, seront fidèlement exécutées.

Mais où trouvera-t-il la garantie, et comment pourra-t-il la donner au commerce français, que tout ce qui sera convenu du côté de la seconde partie (les colonies) sera fidèlement exécuté par elle ? Sera-ce le passé qui nous servira de garantie pour l'avenir, et est-ce dans un pays qui est sous le poids d'une énorme dette, qui est grevé d'hypothèques très-considérables (2), qu'il faut compter sur la possibilité de tenir des engagemens de cette nature, lorsque les besoins les plus pressans viendront à commander, lorsque dans des colonies, ravagées par de funestes et si fréquens coups de vent, il faudra reconstruire maisons et cabanes, et pourvoir à l'existence de leurs Nègres ?

Qui voudra blâmer un gouverneur qui aura

---

(1) A la Martinique, les inscriptions dépassent 80 millions de francs.

donné des permissions pour faire entrer des objets d'une aussi extrême nécessité ? et nous savons à combien de véritables ou volontaires erreurs ils ont été conduits, et le seront nécessairement encore sous de pareils prétextes.

Qui gardera sévèrement les côtes de ces îles, et comment empêchera-t-on la contrebande d'y pénétrer, lorsque l'on ne peut empêcher des introductions qui ont un caractère criminel, qui sont passibles de punitions sévères ; et que, d'un autre côté cependant, il paroît si difficile de soustraire aux regards et à l'attention publique ?

On se fait à l'inexécution des lois, comme à toute autre chose, et surtout lorsqu'elles ne paroissent être exercées qu'au profit de celui que l'on considère comme tierce-partie.

Il n'y a que l'intérêt personnel, un esprit national qui puisse faire rentrer sous leur obéissance. Mais cette conversion, malheureusement, ne sera pas facile ; elle ne sauroit être que l'ouvrage du temps ; l'autorité de la métropole n'y pourra rien.

Sans doute la France a la faculté, et elle a bien aussi la *force* de rapporter l'arrêt du 30 août 1784, qui donne au pavillon américain l'entrée dans nos colonies, pour y importer des bois, des salaisons, de la morue, du beurre, des légumes et autres comestibles ; sans doute elle peut les exclure de ces ports ; mais où seroit l'avantage ; et dans le monde commercial, principalement, tout n'est-il pas compensation ?

Remontons un peu à l'origine des choses. Lorsque le conseil rendit cet arrêt de 1784, la France étoit au comble de sa splendeur commerciale ; elle possédoit Saint-Domingue, cette inépuisable source de prospérités.

Les Américains, au contraire, paroissoient à peine sur l'horizon, et ne pouvoient alors être considérés comme une puissance maritime ; leur consommation étoit nulle pour la France (1) ; et d'un autre côté, quelle que fût d'ailleurs notre prospérité, les produits de notre industrie n'alloient peut-être pas à la dixième partie de ce qu'ils sont aujourd'hui.

Tout a changé depuis lors, et il faut absolument le reconnoître, quelque obstination que l'on mette à s'y refuser.

Mais, en admettant les changemens, il faut absolument admettre aussi les conséquences

---

(1) Dans les années 1787 à 1789, elle n'étoit que de 1,200,000 fr. à 2,000,000, et en 1818, elle a été de 60,000,000.

qu'ils amènent, la ligne qu'ils commandent de suivre.

Les Américains sont devenus une puissance maritime de premier rang ; ils sont le peuple le plus commerçant de l'univers, quoiqu'ils ne possèdent que le continent des Etats-Unis, et qu'ils n'aient aucune colonie. On les trouve partout, comme chez eux tous les produits du monde.

Leur population, comme leur consommation, a augmenté d'une manière tout-à-fait remarquable, et qui est loin d'être à son terme. Tous nos produits y sont aimés et estimés, et c'est aujourd'hui à plus de 5o millions qu'il faut évaluer nos exportations pour ce vaste continent.

Peut-on, je le demande, conseiller à notre gouvernement de compromettre d'aussi précieux débouchés, de les rendre plus difficiles et plus onéreux par quelque augmentation de droits, quelque prohibition nouvelle, qui amèneroit sans doute à notre égard une représaille inévitable des dispositions que l'on pourroit prendre relativement à l'arrêt du 3o août 1784 ? Et pour quels intérêts, on pourroit même dire pour quels sacrifices ? car je pose en fait que la

possession de ces colonies sous un pareil régime
en seroit un véritable pour la France.

Ne seroit-ce pas plutôt à faciliter nos rapports
avec les Etats-Unis d'Amérique que notre gouvernement devroit s'appliquer, afin d'y agrandir
nos débouchés, et d'y obtenir la préférence de
leur immense consommation? Les produits de
notre sol et de notre industrie y paient des droits
très-forts, plus élevés que ceux de l'Angleterre;
nos vins y paient 200 fr. par tonneau environ,
nos eaux-de-vie 260 fr. par 50 veltes. Que l'on
juge par l'accroissement qu'ont reçu nos produits
et notre industrie, de quel intérêt il est pour
nous de leur conserver, de leur élargir de semblables débouchés.

Ce qui vient de se passer, relativement aux
droits de tonnage établis par les deux nations,
nous donne la mesure des règles que chacune
d'elles peut établir, et nous prouve qu'en voulant contrarier les intérêts d'une nation amie,
on peut en même temps contrarier les siens
d'une manière plus sensible.

Mais j'admets, si l'on veut, que le régime
exclusif et absolu puisse s'établir et s'exécuter
dans nos colonies des Antilles; que l'arrêt
du 30 août 1784 puisse être rapporté sans

aucunes représailles ; qu'aucun pavillon étranger
ne soit admis dans ces îles ; qu'aucune fraude ne
s'y commette ; et je me demande où sera pour
la France l'avantage de ce monopole de sucre,
qu'en définitive il faudra bien payer de quelques
sacrifices, pour favoriser une industrie qui,
même avec une prime de 40 à 50 p. %, ne peut
soutenir une concurrence voisine.

Ces sacrifices, je les vois dans la dotation
d'environ trois millions qui, sans doute, ne
seroit pas trouvée suffisante pour exécuter ces
nouvelles et exclusives dispositions;

Dans la surtaxe sur les sucres étrangers que
l'on porteroit même jusqu'à une prohibition de
mots, lorsqu'elle est de fait ;

Dans les prohibitions ou surcharges de droits
que, par représaille, on doit attendre de semblables mesures;

Et enfin dans la perte comme dans les en-
traves qu'en éprouveroient les relations que
nous devons chercher à favoriser, à encourager,
pour étendre nos débouchés.

On veut nous montrer les avantages de ce
système, dans une consommation qui s'accroî-
troit, dit-on, de tout ce que les Américains
fournissent à ces colonies, de tout ce que la

fraude y fait pénétrer ; dans le transport réservé à notre pavillon de tout ce que les étrangers y apportent, de tout ce qu'ils y prennent en échange.

Mais en définitive, et lorsque l'on voudra faire le compte de cette consommation, il faudra toujours se demander : « Combien sont-ils » pour consommer, où sont leurs fortunes, » où sont leurs débouchés extérieurs ? »

Et lorsque l'on répondra : « Ils ne sont que » 25 à 30 mille blancs ou mulâtres, et environ » 200 mille esclaves dans toutes nos colonies des » Antilles ; ils ont perdu leur fortune, ils n'ont » aucun débouché extérieur », je dirai alors que, sous un semblable régime, cette population ne présentera pas de grands débouchés à la métropole ; et je crois qu'il sera facile de démontrer qu'en adoptant un système plus libre, la France ne perdra pas ceux qu'elle peut y avoir, tandis que les ressources de ces îles s'accroîtront beaucoup par un commerce d'échanges qui naturellement augmentera aussi leur consommation.

Je sais que pour enfler en quelque sorte cette population de nos îles, l'on a avancé que la consommation d'un individu pouvoit y équivaloir à celle de dix en Europe. Je sens bien tout

ce que l'on a voulu dire, et comment on a
cherché à le démontrer. Toutefois, je croirai
toujours qu'à nombre égal, la population de
nos villes consomme plus que celle des esclaves
de ces îles ; au surplus, s'il en étoit autrement,
il faudroit convenir que la culture de la canne à
sucre y seroit bien chère, que nous aurions là
de bien mauvaises fabriques, et qu'il ne seroit
guère d'une sage économie politique de chercher à soutenir par de semblables sacrifices,
lorsque les mêmes produits abondent de partout, qu'ils sont sur tous les marchés en ex-
cédant sur les consommations.

Si l'on pouvoit faire renaître les villes de nos
colonies des Antilles, les faire retrouver telles
qu'elles étoient avant la révolution ; relever le
Cap français, le faire sortir de ses cendres, faire
revivre le luxe, et ramener l'énorme dépense qui
avoit lieu dans ces villes, je concevrois alors
l'accroissement de consommation que l'on pourroit y trouver ; mais, je le répète, ce ne sera pas
par le régime exclusif que l'on y rétablira aujour-
d'hui les fortunes et les moyens de dépense.

Est-ce la France qui peut, qui doit en ce moment se montrer la protectrice d'un semblable
système ?

Où sont ses anciens trésors? Où est cette reine des Antilles qu'elle a perdue (1)?

Que l'on examine le globe, et que l'on y cherche sa puissance coloniale, on aura sans doute de la peine à la découvrir.

On veut un régime exclusif; mais que deviendroient notre commerce, notre marine, si l'Angleterre, le Danemarck, la Hollande, l'Espagne et le Portugal, voulant et pouvant régir toutes leurs possessions d'outre mer sous un pareil régime, fermoient leurs ports à notre pavillon? Et en proclamant un semblable système, n'est-ce pas inviter toutes les nations à le suivre, celles du moins qui en auroient la puissance? Heureusement pour nous, dans notre situation nouvelle, nous n'avons point à le craindre, et, mieux que toute autre puissance, la France se trouve en position de tirer le plus grand parti de l'émancipation de toutes les colonies, et surtout de celles du Nouveau-Monde, qui lui offriront bien plus largement que ses deux îles des Antilles, des débouchés immenses, et tous les produits qu'elle pourra désirer. Que l'on aide, que l'on encourage, ou seulement que l'on

___

(1) Saint-Domingue.

n'entrave pas la navigation française, et l'on verra tout ce qu'elle peut faire, tout ce qu'elle peut encore entreprendre. Mais en tout il faut vouloir, il faut avoir la force de montrer sa volonté, le courage de la soutenir.

Je ne m'étendrai pas davantage, Messieurs, sur la seconde des propositions que je viens de discuter. Je crois vous avoir démontré qu'elle étoit inadmissible, et je la livre à vos sages réflexions.

Je vais maintenant passer à la troisième des propositions, qui est de savoir si, dans l'état actuel de nos colonies des Antilles, dans la position du continent de l'Amérique méridionale et de ses îles, il n'est pas plus convenable à la France, plus convenable et plus sûr pour les Colons, d'ouvrir les ports des îles de la Martinique, de la Guadeloupe et de Marie-Galande aux pavillons étrangers à de certaines conditions, et en les assujétissant à de certaines règles combinées de manière à concilier les intérêts particuliers avec ce que demande l'intérêt général.

C'est ce que je vais chercher à démontrer.

Les Colons ne s'opposeroient point à l'ouverture de leurs ports à tous les pavillons; ils le demandoient même il y a quelque temps; mais

il voudroient en même temps conserver la consommation exclusive de la France pour leurs
produits ; ce qui me paroît incompatible avec
le troisième système, et d'accord avec le second
que je viens de réfuter.

Les armateurs français qui ne paroissent pas
adopter entièrement ce troisième moyen, celui
de l'ouverture des ports, ne le redoutent que
parce qu'ils craignent de perdre entièrement le
transport des objets consommés par nos colonies, et celui du sucre que consomme la France.

Il faut donc rassurer ceux-ci sur l'emploi
de leurs navires, qui ne perdront point ces
transports, et rassurer les Colons sur la consommation de la France, qu'ils ne perdront pas
davantage ; que si elle devient moins forte pour
eux par une concurrence étrangère, ils rega-
gneront facilement, et au-delà, par l'exportation que leur procurera cette même concurrence, ce qu'ils pourront perdre d'un autre
côté ; et il est facile de prévoir tout ce qu'auroit
à gagner le commerce de ces colonies avec les
îles voisines, la côte ferme, et tous les peuples
commerçans ; qui vont partout où ils trouvent
des objets d'échange.

Il me paroît donc évident qu'en établissant

en France une différence de 10 à 15 pour 100
de moins dans les droits d'entrée sur les sucres
de ces colonies, avec ceux des colonies étrangères, ce seroit suffisamment réserver à ces pre-
mières la consommation de nos marchés,
lorsque d'ailleurs on ne leur interdiroit pas les
autres par une exportation directe.

D'un autre côté, soit que l'on rétablisse et
mette en vigueur la loi sur la navigation française (appelée acte de navigation), avec les
augmentations ou restrictions convenables; soit
que l'on conserve la loi de 1816, en la revi-
sant, pour rendre à notre pavillon la protection qui lui est due, on trouvera là facilement
de quoi rassurer les armateurs français sur le
transport des produits destinés à alimenter notre
consommation : et l'on pourroit même déter-
miner, si c'étoit la seule loi de 1816 qui dût régir cette matière, que les sucres de nos colonies ne pourroient venir en France que par notre
pavillon.

Quant à la consommation de nos îles, laquelle ne me paroît pas devoir être d'un grand
poids dans la détermination qui sera prise à
leur égard, je crois que, devenant des lieux de
dépôts que tous les pavillons pourroient atteindre

et visiter, nos produits et nos fabriques y trouveroient pour le moins autant de débouchés
qu'aujourd'hui, si ce n'est plus, et dont notre
pavillon auroit le transport.

Les farines seulement, qui sont le principal
objet que nous importons encore dans ces colonies, pourroient, sur quelques unes de nos
places, causer un déficit dans les moyens d'exportation déjà si bornés, et cela, il est vrai,
par la concurrence que leur feroient nécessairement éprouver les farines américaines, si
celles-ci n'avoient qu'un foible droit à supporter en sus des nôtres.

Mais pourquoi, comme on l'a fait en France,
n'établiroit-on pas sur les marchés de ces îles
une mercuriale qui détermineroit, je suppose,
« que les farines étrangères ne seroient admises
» à la consommation de ces îles, et par quan-
» tité de..... que lorsque les cours légalement
» constatés établiroient la valeur du baril de fa-
» rine *minot*, du poids de 90 kilogrammes, à
» 12 piastres ou 60 fr. ? »

Le prix de cet article varie considérablement
aux Etats-Unis: il étoit, il y a peu de temps, sur
les marchés de New-Yorck et de Philadelphie,
de 4 ½ à 5 piastres; il vient d'y monter à 10.

Si c'étoit ce dernier prix qui dût servir de règle, nous ne craindrions jamais la concurrence des Américains pour leurs farines.

Je sais bien que l'on me dira que l'on abusera du règlement du cours de ces farines et de leur introduction ; mais cette objection s'applique à toute chose : car de quoi n'abuse-t-on pas ?

Il faut donc rechercher ce qui est le plus compatible avec les intérêts de tous, et c'est dans ce seul but que je propose ce moyen.

Du reste, comme je l'ai dit en commençant, je n'ai point la prétention de concilier tous les intérêts, tous les partis : c'est la tâche la plus difficile que l'on puisse se proposer, et il ne me convient pas de l'entreprendre.

C'est au gouvernement à examiner ce qu'il convient de faire, lorsqu'il aura écouté et entendu tous les intérêts ; et il n'aura sans doute pas plus la prétention de les concilier tous, qu'il ne sera dans l'intention de se laisser conduire par quelques opinions particulières : car ici, comme ailleurs, la majorité pourroit être plus suspecte que la minorité.

J'ai dit qu'il falloit examiner s'il n'étoit pas plus convenable pour les Colons et pour la France, d'adopter un système plus libre à l'égard de nos colonies des Antilles, et c'est celui auquel je me rattache, parce que je crois que les planteurs de ces îles n'y perdront rien, et qu'au contraire les habitans des villes de ces colonies y gagneront beaucoup. Je vais plus loin, et j'ajoute que je regarde cette mesure comme indispensable pour maintenir notre position et notre pouvoir dans les Antilles, pour y conserver des ports de relâche à notre marine royale, et une sorte de puissance d'estime et de considération, un crédit que, sans ce moyen, nous finirons par perdre entièrement dans cette partie du monde. Le grand talent est de savoir juger les hommes et les choses, et d'établir des règles compatibles avec les intérêts du grand nombre, tels qu'ils sont, et que le cours des temps les a faits.

Il ne faut pas se faire illusion : jamais Saint-Domingue ne reviendra ce qu'il étoit pour nous; je ne crois pas qu'il soit un être raisonnable qui puisse en conserver la pensée; mais parce que la possession en est perdue sans retour, faut-il y perdre tout commerce, faut-il y renoncer à tous moyens d'échange?

D'un autre côté, ce vaste continent de l'Amérique du sud n'offre-t-il pas à notre commerce et à notre marine une assez belle compensation de toutes nos pertes coloniales, si nous savons en tirer parti, si nous savons y fixer l'attention sur nos produits, y faciliter, y permettre au moins les moyens d'échange ? C'est là que les encouragemens sont utiles, qu'ils rapporteront à celui qui les donne, si ce n'est demain, ce sera plus tard ; on peut y compter.

Qu'on ne s'y trompe pas, le système colonial ne doit plus aujourd'hui se fonder par des acquisitions faites à prix d'argent ou à prix d'hommes : c'est l'industrie commerciale qui doit en jeter les bases ; et, avec un gouvernement ami de l'ordre et des libertés publiques, elle le fera partout où elle sera protégée, partout où il existe un sol fertile à cultiver, des peuples à civiliser, à former à nos goûts, à nos habitudes ou à nos besoins. Cette véritable acquisition coloniale, à laquelle la France peut prétendre mieux qu'aucune autre nation, ne sauroit être que l'œuvre du temps, de la patience, et d'une protection justement distribuée. Mais il ne faut pas que, sans cesse en butte à toutes les passions, un ministère, un système nouveau, viennent renverser le lendemain ce qui aura été commencé la veille ; car c'est ainsi

que toute grande et généreuse tentative se dé-
truit, qu'elle échoue, que le spéculateur se
rebute, et que le commerce languit avec une
consommation qui, quoique forte, est toujours
trop lente pour réaliser les produits de notre
industrie, et entretenir l'activité des opérations
maritimes.

Ce système colonial, ou commercial,
comme on voudra l'appeler, que notre marine
royale peut si facilement aider, lui donneroit
sans doute bien plus de ressources, en cas de
guerre avec une nation rivale, que de petits
points qui, sans défense et sans appui, pourroient lui être enlevés au premier coup de canon.

Mais appellera-t-on les produits qui provien-
dront d'un pareil commerce ou de pareilles
colonies, *des produits étrangers?* les frappera-
t-on de réprobation et d'exclusion, lorsqu'après
de pénibles labeurs et des frais de voyage plus
forts que la valeur primitive de l'objet importé,
ils voudront aborder nos rives? C'est ce que
demandent les partisans du système exclusif, et
à quoi il doit nécessairement nous conduire.

Examinons les faits, et voyons s'ils accueillent
ou repoussent une exclusion aussi absolue.

C'est à un système de plus grande liberté, à

l'ouverture de ses ports à tous les pavillons, que l'île de Cuba doit sa grande prospérité et les immenses produits dont elle abonde. L'émigration des Français de Saint-Domingue avoit commencé à lui rendre cette importance, qui seroit sans doute bien plus considérable aujourd'hui, si cette colonie étoit régie par d'autres lois, si ses douanes n'étoient la proie de toutes les ambitions, de toutes les dilapidations. Que l'on compare néanmoins ce qu'elle est maintenant avec ce qu'elle étoit il y a vingt ans!.... Et remarquez, Messieurs, que cette colonie espagnole est la seule qui n'a pas secoué le joug de la métropole, qui lui soit restée fidèle, lorsque tout est embrasé autour d'elle. Remarquez encore que l'île de Cuba, loin de réclamer des secours de la mère patrie, lui en fournit, au contraire, et de très-importans, par les charges qu'elle paie pour elle.

L'île de Java a également cédé à ce besoin du commerce du monde. Ses ports se sont ouverts à tous les pavillons, et les Hollandais n'y font pas moins leur principal commerce. Si cette nation a perdu de sa puissance commerciale, ce n'est assurément pas à cette mesure récente qu'il faut l'attribuer.

Les Anglais même ont ouvert les ports de l'île de France à tous les pavillons. Ils n'ont pas craint de nous admettre dans cette île, si précieuse par sa position, que le traité de 1814 nous a contraints de leur céder, et où il leur étoit si naturel de penser que nous retrouverions des habitudes et des goûts tout français.

Mais que seroit pour notre commerce, pour celui de tous les pavillons, la consommation de cette île et de celle de Bourbon, si un transit immense ne s'y étoit établi, si le foible droit imposé sur les marchandises qui s'y débarquent ne leur permettoit pas d'aller partout, d'être là à la disposition de tous les ports de l'Inde, d'y recevoir en échange tous les produits ? Car c'est toujours à échanger que doit tendre le commerce des nations. Heureuses celles qui pourront attirer beaucoup de ces échanges dans leurs ports ! Bien certainement celles-là prospéreront.

Ce n'est pas moins de 60 à 70 bâtimens français qui déjà, dans les dix premiers mois de l'année 1821, se sont expédiés de nos ports pour les îles de France et de Bourbon. Ce sont les navires du plus grand tonnage qui ont pris cette destination. Il n'en est pas parti un seul qui ne fût entièrement chargé, et c'est sans doute à plus de 14 à 15 millions que l'on peut évaluer en produits de notre sol et de notre industrie, l'exportation qui s'est faite pour ces deux îles, et dont la majeure partie s'est débarquée dans le port de Maurice. Là, cependant, nous sommes exposés à une concurrence étrangère, concurrence d'autant plus redoutable, qu'elle a des avantages sur nous. Néanmoins, ce sont les seules opérations qui aient produit, cette année, d'heureux résultats.

Que l'on compare, après cela, le tonnage et la valeur de ces exportations avec celles qui ont été faites pour nos colonies des Antilles, dans le même espace de temps...... Que l'on compare surtout les résultats que les unes et les autres présentent aux armateurs !....

Qui auroit pu faire croire, il y a vingt ans, aux commerçans de l'Europe, que les fabriques de Glasgow et de Manchester s'ouvriroient des débouchés au Bengale ; que de ces mêmes cotons en laine que nous y allons chercher, il en retourneroit en étoffe ; que nos fabriques de Paris et de Lyon y trouveroient d'immenses débouchés ; que leurs produits y trouveroient des admirateurs ? Ce sont là cependant des faits qui ne peuvent se nier, et qui démontrent, avec tant d'autres, que le système commercial ne peut avoir aujourd'hui les mêmes règles, ni tenir la même ligne de conduite qu'il y a trente ans.

Ce n'est donc pas aujourd'hui, par les mêmes lois que l'on peut régir nos colonies des Antilles ; ce n'est donc rien légèrement hasarder que de dire qu'il n'est pas convenable de persévérer dans le système qui y est établi, et, à plus forte raison, dans celui qui, plus exclusif encore, fermeroit leurs ports aux bâtimens américains, pour les objets que l'arrêt du 3o août 1784 leur laisse la faculté d'y apporter, et que l'on devroit bien plutôt les vivifier par des principes de liberté commerciale, par des lois qui, en ouvrant leurs ports à tous les pavillons étrangers, laisseroient à nos produits, par un système de tarif établi au profit et dans l'intérêt de ces îles, une foible, mais juste protection ; par des règlemens qui feroient de ces îles des lieux de dépôt de tous les produits de l'Europe, de ceux des îles voisines et de tout le continent d'Amérique, assujétis à des droits assez foibles pour n'en point gêner la réexportation; par des droits sagement combinés en France, pour donner la préférence à notre pavillon dans l'importation et l'exportation de tout ce qui vient de ces îles ou se dirige vers elles ; droits qui , en assurant la consommation de leurs produits , les feroient jouir d'une protection qui se combineroit avec les autres avantages qui leur seroient accordés.

Je pense que s'il en étoit ainsi, la France devroit se borner à y avoir un gouverneur qui y commanderoit, au nom du Roi, des troupes nécessaires à l'ordre et à la tranquillité de ces îles , et qui seroient à la charge du gouvernement français ; mais toute l'administration intérieure devroit leur être abandonnée , après avoir soumis à l'approbation de Sa Majesté les dispositions qui devroient les régir.

Je n'entrerai point ici dans des détails administratifs. Une fois le principe arrêté , il ne seroit probablement pas difficile de s'entendre sur les détails de l'administration , et l'on auroit peu de peine à la rendre meilleure qu'aujourd'hui. Il me suffit d'avoir fait connoître ma pensée, et les motifs sur lesquels elle se fonde : c'est à vous maintenant, Messieurs, à faire connoître la vôtre.

En résumé :

Je pense que les maux, dont se plaignent les Colons et les armateurs français qui commercent avec nos colonies des Antilles, ne proviennent ni de l'introduction de quelques sucres étrangers, ni des droits établis par nos tarifs sur les sucres de nos colonies ;

Que le seul remède, ou le seul moyen de ne pas laisser aggraver le mal, de ne pas perdre entièrement nos colonies des Antilles, et de donner à notre industrie et à notre marine les nouveaux débouchés et les nouvelles relations qui s'ouvrent devant elles, et dont elles ont besoin, c'est de rendre aussi à nos colonies un commerce plus libre, en ouvrant les ports de ces îles aux pavillons étrangers, à des conditions qui laissent à notre industrie commerciale une juste protection, et en diminuant la surtaxe ou prohibition qui existe sur les sucres étrangers, selon leur provenance et les avantages que pourra présenter leur importation à notre industrie comme à nos rapports ;

Que nos ordonnances ou nos lois, en matière de douanes, ne soient pas constamment des armes offensives, et qu'elles ne se prêtent pas aux caprices de quelques intérêts particuliers, de quelques opinions plus ou moins influentes ; car ce que l'on peut ainsi faire gagner à une seule industrie, retombe par là sur une autre, qui souvent y perd au double, et dont la perte se fait sentir sur la masse générale, sur l'Etat.

Voilà, Messieurs, les réflexions que j'ai cru devoir vous soumettre, et que je livre à vos sages méditations.

J'ai l'honneur d'être, Messieurs, avec la considération la plus distinguée,

> Votre collègue et très-humble
> et obéissant serviteur,
> BALGUERIE STUTTENBERG,
> *de Bordeaux.*

Paris, le 25 novembre 1821.

P. S. Les évaluations que j'ai données aux exportations faites de nos ports ne se trouveront peut-être pas d'accord avec celles présentées par l'administration générale des douanes. Cette administration est aussi forcée de puiser un peu dans des probabilités pour établir ces valeurs d'exportation, que des déclarations volontaires et souvent fautives à dessein, ne peuvent représenter que d'une manière très-inexacte.

Le commerce peut tout aussi bien être à même de les juger, de les apprécier, par le nombre des expéditions qu'il voit faire, par le relevé des assurances qui s'effectuent.

Le cours du fret pour telle ou telle destination donne aussi la mesure des exportations maritimes; et il est à remarquer que celui de nos colonies des Antilles s'est constamment maintenu au taux le plus modique, 20 à 30 francs par tonneau de mer, et que les bâtimens partis des ports qui offrent le plus de denrées ou marchandises d'encombrement à charger, s'en sont toujours allés à faux fret, ne pouvant se remplir, même au bas prix de 20 et 30 francs du tonneau; tandis qu'il s'en est presque toujours trouvé pour les bâtimens qui se sont mis en charge pour des destinations étrangères, qui, quoique pas plus éloignées, ont constamment supporté un prix de fret double et triple de celui de nos colonies.

www.ingramcontent.com/pod-product-compliance
Lightning Source LLC
Chambersburg PA
CBHW071005280326
41934CB00009B/2176